COUP-D'OEIL

SUR

LA FRANCE

PENDANT, AVANT ET APRÈS L'EMPIRE,

OU

NAPOLÉON

UN DEMI-DIEU.

RÉSUMÉ DE SA VIE CIVILE, POLITIQUE ET MILITAIRE, SES CAMPAGNES GLORIEUSES, SON DÉPART POUR L'ILE SAINTE-HÉLÈNE, DÉTAILS SUR SA MORT ET SON TOMBEAU,

PRÉCÉDÉ DE PENSÉES ET RÉFLEXIONS,

Suivi de quelques idées sur la Restauration, l'expédition d'Afrique et la déchéance de la branche aînée des Bourbons.

PAR COLIN-ROYER.

Distribué par lui.

Vérité et impartialité, c'est ma devise.

Prix : 40 cent.

TOULON.—IMPRIMERIE DE BAUME, PLACE D'ARMES.

AUX GLORIEUX DÉBRIS

DE

LA GRANDE ARMÉE.

———————

Mes honorables collègues ,

C'est moins pour vous rappeler le souvenir de votre gloire passée que pour mettre sous les yeux de notre belle jeunesse, un tableau de vos mémorables campagnes où vous vous êtes immortalisés sous l'invincible génie digne de commander les premiers soldats du monde, que j'ai consacré quelques instans de solitude à l'histoire de vos conquêtes. Afin d'arriver au but que je me propose, je n'ai eu en vue que la vie de Napoléon, encore m'offrait-elle bien des difficultés pour résumer ses volumineuses éditions, et à ne prendre que la substance d'un tableau, qui sans fatiguer ni la mémoire, ni l'esprit du lecteur, puisse lui présenter la France avant, pendant et après l'empire.

Pour y arriver, j'ai traité Napoléon depuis sa naissance, jusqu'à sa mort, et sans m'arrêter aux longues phrases, peintes par l'imagination et colorées du style de l'auteur, j'ai passé rapidement sur ses premiers faits d'armes, ses campagnes d'Italie, d'Egypte, son élévation au pouvoir, son mariage avec Mad. Beauharnais, le consulat et l'empire; sur différens traités de paix et d'alliance, ses vues politiques et commerciales avec les souverains de l'Europe ; comme il les rétablit après les avoir détrônés; enfin, comme il fut trahi par eux et par de ses généraux lâches et perfides. — Son divorce avec l'impératrice Joséphine; son second mariage avec l'archiduchesse Marie-Louise d'Autriche; la coalition de toutes les puissances de l'Europe réunies contre lui ; sa chûte; son départ pour l'île d'Elbe ; son retour en France; armement de nouveau de la Sainte-Alliance ; sa défaite de Waterloo ; son abdication ; comme il fut trahi par le sénat et par les chambres ; livré aux Anglais quand il s'embarqua pour les États-Unis ; sa réclusion à l'île Sainte-Hélène ; et comme il y fut traité par le gouverneur de l'île.

J'ai eu soin d'indiquer les lieux et les époques où nos armées furent victorieuses et où elles éprouvèrent des revers ; les noms des généraux qui les commandaient, et ceux des ennemis que vous avez combattus ; leurs pertes et vos prises.

J'ai précédé ce petit travail de quelques réflexions terminées sur la restauration et la déchéance de la branche ainée des Bourbons , et sur la France régénérée par la branche cadette ; enfin , j'ai réuni ensemble depuis 1789, jusqu'à l'état actuel. Henreux si j'ai pu atteindre le but que je me suis proposé dans cette petite brochure, que vous dédie votre très humble serviteur,

COLIN-ROYER.

PENSÉES ET REFLEXIONS

DE L'EMPEREUR NAPOLÉON.

———

O toi qui régis l'univers, et qui de ta demeure invincible et inaccessible à tous les mortels, me vois assis au pied de la tombe du plus grand des héros! si tous les guerriers sont aussi tes enfans, pourquoi as-tu souffert que le Léonidas du grand Saint-Bernard, l'Annibal de Marengo, l,Alexandre d'Austerlitz, leCésar de la Moscowa, etc...., ait été aussi cruellement outragé que le grand Napoléon, pendant la durée de sa captivité? Est-il un grand capitaine de l'antiquité, et même des derniers siècles, qui n'ait pas été éclipsé par ce héros malheureux? Bien que secondé par les premiers soldats du monde, cet étonnant nourrisson de Mars et de Bellone, a surpassé tous les grands capitaines ses prédécesseurs...... O cruelle Albion, tu l'as descendu au cercueil.

Mais ici je m'arrête...... en arrosant ses cendres de mes larmes, je me dis en accusant le destin : « C'est donc quand le soleil ne luit plus que l'on oublie les épidémies et les tempêtes que les chaleurs ont causées, pour admirer son éclat, sa lumière et sa force; c'est donc quand l'épouse bien aimée est descendue dans la tombe, que l'homme oublie les défauts de son esprit; pour rendre hommage aux vertus de son cœur..... O France! ô France! dis-moi ce qu'est devenu et comment est descendu dans le néant, cet astre superbe qui naguère faisait jaillir sur toi des flots de lumière et des gerbes de lauriers?.... Comment le roi des bataillons armés que le fer, le plomb et la foudre ont res pecté pendant vingt-cinq ans, a-t-il pu s'agenouiller devant le noir squelette? Comment le génie des tombes eût-il osé frapper si froidement le géant des combats, si des mains barbares ne l'eussent aidé dans cette entreprise tentée en vain jusqu'alors? dans cette entreprise tentée si souvent contre lui, qui, en dépit du nombre de ses ennemis conjurés, fit triompher ses aigles et son étendard tricolore

sur les vertes prairies de la Hollande, sur les plaines fé-
condes de la Germanie, sur le beau sol de l'Italie, aux
plaines de Memphis, srr les sables brûlans de l'Arabie, en
Lithuanie, en Ibérie, en Moscovie,... etc. Mars et Bellone, qui ont trahi si impunément le maître de la foudre de
Jupiter, semblent avoir été cacher leur honte sur un autre hémisphère.

Que je plains le proscrit qui a expiré sur une terre
lointaine ! Infidèles à son malheur, les amis de sa prospérité ont oublié jusqu'à son nom et ses bienfaits ; et les flat-
teurs qui enivrèrent et encensèrent sa puissance, mêlent
aujourd'hui les blasphèmes de l'ingratitude aux clameurs
de ses ennemis. Peut-être au moment où une agonie lente
et douloureuse épuisait les tristes et derniers restes de sa
vie, son épouse et son fils se livraient à la douce et conso-
lante espérance de le revoir.

Qne je plains l'enfant du proscrit ! Il ne s'agenouillera
pas devant la bénédiction paternelle ; en vain la piété filia-
le, et sans doute guerrière, avec le temps, couronnera de
cyprès un tombeau désert..... que je le plains.... au moment
d'une séparation dont le courage humain n'ose assu-
rer ni prévoir le terme : c'est du moins une douceur de
recueillir les derniers adieux de l'âme qui est partie pour
un voyage que nous ferons tous ; c'est une consolation de
mener le deuil autour de son tombeau ; c'est un devoir de
visiter souvent sa dernière demeure. Respectons ces senti-
mens précieux ; les méchans seuls craignent le souvenir de
ceux qui ne sont plus ; mais le culte des morts fut toujours
sacré aux grands cœurs.

Alexandre couronna le tombeau d'Achille, et fit à Darius
de magnifiques funérailles : toutes les rivalités s'arrêtent
au bord du sépulcre. César trouva qu'il était grand en
pleurant sur l'urne de Pompée.

Ah ! si Napoléon fut tombé dans les champs de Waterloo, le petit-fils d'Henri IV (1) aurait sans doute imité

Louis XVIII était à St-Cloud lorsqu'il apprit la mort du
prisonnier de Sainte-Hélène. Il en fit part aux officiers de
sa suite. A cette nouvelle, des larmes coulèrent des yeux
du général Rapp. — « Rapp, lui dit le roi, votre conduite
« vous honore plus que jamais ; je vous en tiendrai compte:

la générosité des héros de l'antiquité; mais après avoir fait la destinée de l'Europe entière, après avoir vu tous les rois l'appeler leur frère, Napoléon est mort sur un rocher sauvage, presqu'au bout du monde, au milieu des mers, environné d'ennemis commis à sa garde, sans pouvoir disposer de son cercueil, lui qui disposa de vingt couronnes! qui pourrait refuser une larme à de si grandes infortunes? Ah! quel Français, aujourd'hui que la mort doit dissiper les craintes qu'inspirait un si grand nom, peut ne pas s'indigner de savoir les restes de Napoléon enfouis dans un sol étranger? La France, qui eut jadis des palais pour les rois détrônés et malheureux, n'a pourtant pas eu un coin de terre à donner à celui que récemment elle nommait avec emphase et avec orgueil son empereur et son sauveur de l'anarchie : quel plus bel empire que celui qu'il éleva sur les débris du pouvoir anarchique où nous avait mis le terreur de Robespierre!

Français, si ces noms d'empereur et de sauveur si souvent prodigués à l'envie, irritent ou offensent quelques ennemis de la gloire de la nation, ne vous souvient-il plus du général Bonaparte? avez vous pu, saus vous faire taxer par l'univers entier de la plus noire ingratitude, oublier sitôt ces grandes journées d'Arcole, de Lodi, des Pyramides, d'Aboukir, de Marengo, d'Iéna, d'Austerlitz, de Wagram de la Moscowa, etc. etc.? La France ne doit-elle rien au consul qui rétablit d'une main ferme l'ordre que des mains débiles n'avaient pu maintenir? Voyez encore la chûte spontanée de Charles X, causée par les machinations inconstitutionnelles de l'Anglo-Polignac. La France ne doit-elle rien à celui qui appela au secours de la société et de la religion dont le sanctuaire était renversé, tont ce qu'il y avait de vertus et de lumières! Il augmenta la gloire nationale : il répara les fautes de l'ancienne monarchie;

---

mais, souvenez-vous que vous devez à la mémoire de Napoléon plus que des larmes.... » Ce prince aurait désiré honorer la mémoire du grand homme par quelque monument digne de lui; mais, pressé par la noblesse et par les prêtres, ennemis et jaloux de la gloire de Napoléon, il fut détourné de ses louables intentions.

il créa des lois immortelles, il donna un libre essor aux arts et aux sciences; sans lui, l'épée de François I n'eût jamais quitté Madrid, et les vétérans de Louis XV n'aun'auraient jamais pu fixer leurs yeux sur leurs glaives en vainqueurs de Rosback. N'est-ce pas Napoléon qui fit consacrer à St-Denis des autels aux auciennes races de nos rois?.... Il commit des fautes, sans doute; mais, parce qu'il était un officier parvenu, devait-il être un souverain parfait?.... St-Louis est-il exempt de blâme, et Louis-le-Grand est-il descendu grand dans la tombe? La chûte de Charles X ne met-elle pas Napoléon au dessus des éloges les plus pompeux, et ne l'affranchit-elle pas de tout blâme, en le plaçant au dessus de tous les souverains qui ont régné eu France? Quel vaste sujet de méditation! quelles grandes leçons pour les rois! les paroles manquent à la pensée, et l'orgueil humain se brise devaut ce nouvel exemple de vicissitude et d'infortune;.. mais je me tais.... Il est maintenant en face de la posterité; c'est à lui à plaider sa cause devant ce grand tribunal. Songeons maintenant à ce que réclament ses mânes. S'il était mort en abdiquant, eussiez-vous empêché le peu de braves qui lui étaient restés fidèles de lui creuser un tombeau? Ce que vous auriez permis alors à la pitié guérrière, vons ne le refuserez pas aujourd'ui à l'homme national, car une simple pierre suffit à sa mémoire, pourvu que cette pierre repose sur un sol français.... Ah si tous ceux qui briguèrent les faveurs de Napoléon étaient aujourd'hui forcés d'apporter leur offrande sur son cercueil, quel cortège immense! Que d'empereurs, de pontifes, de rois, de princes et de grands, se presseraient de toutes les extrémités de la terre! Il aurait bientôt quelque chose de plus grand que les pyramides; mais il ne vous demande rien.... Dans la force de sa prospérité, poussé sans doute par une fatalité invincible, il ordonna son monument; alors, debout sur la colonne triomphale, tenant la victoire dans ses mains, il semblait commander l'Europe : la statue n'est plus, mais la Providence semble avoir épargné à dessein le piedestal; oui, Napoléon, la colonne de la place Vendôme est le seul monument digne de recevoir tes cendres.

RÉSUMÉ DE LA VIE

CIVILE, POLITIQUE ET MILITAIRE
DE NAPOLÉON.

Napoléon Bonaparte, né à Ajaccio en Corse, le 15 août 1769, quitta sa patrie pour venir prendre une place à l'école militrire de Brienne où il se consacra presque exclusivement à l'étude des sciences exactes. Admis en 1783 à l'école de Paris, en 1785 il entra en qualité de sous-lieutenant, dans le régiment de La Fère, artillerie.

Le 27 août 1793, Toulon ayant été livré aux Anglais, Bonaparte fut nommé chef de bataillon, commandant l'artillerie de siège, qu'il sut si bien diriger, que cette ville fut reprise le 19 décembre de la même année. Le même jour il fut nommé général de brigade, commandant l'artillerie de l'armée dItalie.

Le 13 vendémiaire (5 octobre 1795), fut suivi d'un changement dans le gouvernement. La convention fut dissoute, et un directore établi, faisant les fonctions de pouvoir exécutif. Bonaparte qui s'était malheureusement, signalé dans cette journée, fut nommé général en chef de l'armée d'Italie, dont il alla prendre le commandement, au commencement de 1796; il venait d'épouser madame de Beauharnais.

Arrivé à cette armée découragée et dénuée de tout, devant un ennemi qui avait tout en sa faveur, il fallait des miracles pour obtenir des victoires; il fallait électriser cette armée par une courte harangue. « Camarades! leur « dit-il vous manquez de tout au milieu de ces rochers, « jetez les yeux sur ces riches contrées qui sont à vos pieds « elles nous appartiennent, allons en prendre possession. »

Le nœud stratégique de la campagne était la séparation des armées piémontaise et autrichienne, ce qui eut lieu après les combats de Montenotte, Millésimo, Dégo, Ceva et Mondovi, où les généraux Argentau, Provéra, et Beaulieu furent défaits.

Après la prise du pont de Lodi, la bataille qui eut lieu, Bonaparte s'avança vers Mantoue, en battant sans interruption l'ennemi, remporte les batailles d'Arcole et de Rivoli.

Une série de nouveaux succès amène enfin le traité de Campo-Formio avec l'Autriche, traité qui fut signé le 17 octobre 1797.

Après cette campagne mémorable, Bonaparte revint à Paris, où l'expédition d'Egypte fut décidée, il part de Toulon le 19 mai 1798, avec la flotte s'empare de Malte le 12 juin, débarque sur les côtes d'Egypte, et emporte d'assaut la ville d'Alexandrie le 2 juillet suivant; poursuivant sa route, il arrive aux fameuses pyramides, et donne la bataille de ce nom. Avant de la livrer, il dit à ses soldats, en étendant les bras vers les pyramides : « songez que, du haut de ce monument, quarante siècles « vous contemplent. »

Dans son expédition de la Syrie, il établit à Jaffa un hôpital de pestiférés. C'est alors que touchant les plaies des soldats atteints par la contagion, pour les rassurer, il dit en leur souriant : « vous voyez bien que ce n'est rien. »

Obligé de lever le siège de Saint-Jean-d'Acre, il reprend la route du Caire. A son arrivée, il apprend que les Turcs se sont rendus maîtres du fort d'Aboukir, le 16 juillet 1799 il les attaque le 25, et remporte sur eux une victoire signalée.

Le 23 août, Bonaparte quitte l'Egypte et l'armée et débarque à Fréjus le 28 septembre. Rendu à Paris, il y consomme la révolution du 18 brumaire sans tumulte et sans effusion de sang.

Etablissement du gouvernement consulaire. — Bonaparte est nommé premier consul, et s'empare, pour ainsi dire, de tous les pouvoirs; il se prépare à reconquérir l'Italie, que la France avait perdu pendant son absence, franchit le mont Saint-Bernard, à la tête de son armée de réserve s'empare du fort de Bart, et poursuit ses succès; bientôt Milan tombe en son pouvoir, et le 14 juin 1800, il prit position dans les plaines de Marengo, où le combat s'engage avec les Autrichiens, commandés par Mélas. L'armée française fut d'abord repoussée; la face du combat change; le premier consul parcourt les rangs : « Français, dit-il, « c'est avoir fait trop de pas en arrière, le moment est « arrivé de marcher en avant : souvenez-vous que mon « habitude est de coucher sur le champ de bataille. » Cette sanglante bataille dura 18 heures : l'ennemi y fit une perte immense. La paix fut signé le 9 février 1801, et un traité avec l'Angleterre fut pareillement signé à Amiens, le 27 mars 1802. Bonaparte institua la légion-d'honneur le 19 mai de la même année, elle fut inaugurée le 14 juillet 1804;

le 18 mai précédent, il s'était fait proclamer empereur des Francais, sous le nom de Napoléon Ier, par le sénat et le corps législatif.

On sait les préparatifs immenses que fit l'empereur pour opérer une descente en Angleterre. On en plaisantait. «On «a pu rire à Paris, dit l'empereur, de mon projet d'inva-«sion en Angleterre, mais Pitt n'en riait pas à Londres ; il « eut bientôt mésuré toute l'étendue du danger : aussi me « jeta-t-il une coalitiou sur le dos, au moment où je levais « le bras pour le frapper. » Cette coalition était composée de la Russie, de l'Autriche et de la Suède ; cette alliance fut signée le 11 avril 1805.

Napoléon lève aussitôt son camp de Boulogne. Bientôt, après une suite de succès non interrompus, l'empereur fit son entrée à Vienne le 13 novembre, et, poursuivant le cours de ses glorieux exploits, dirigea sa marche sur Braun. Les empereurs François et Alexandre s'étaient concentrés sur le village d'Austerlitz. Napoléon saisit d'un coup d'œil leur dessein, et mesura leur fausse position..... « Avant «demain au soir, s'écria-t-il, en inspiré, cette armée sera « à moi.» La lutte fut de courte durée, les masses du nord furent enfoncées.

Malgré trois coalitions des plus grandes puissances de l'Europe, anéanties par Napoléon, une quatrième ligue se forme dans le nord ; le roi de Prusse est à la tête. Le 14 octobre 1806, une affaire générale s'engagea sur le plateau d'Yéna, et la victoite se rangea encore sous les drapeaux français. La victoire avait fait un pacte avec Napoléon ; il entre dans Postdam, où il s'empare de l'épée du grand Frédéric, qu'il envoie au gonverneur des Invalides, « qui, « dit-il, la gardera comme un témoignage des victoires « mémorables de la grande armée, et de la vengeance « qu'elle a tirée des désastres de Rosback. »

Enfin, le 27 octobre, l'empereur éternisa son entrée à Berlin, par un trait sublime de clémence. Le prince de Haltzfeld avait conspiré contre les jours de Napoléon ; la preuve de son crime était écrite de sa main : *Brûlez cette lettre*, dit le nouveau César à la jeune épouse du prince allemand ; *cette pièce anéantie, je ne pourrai plus le con-damner.*

Bientôt commença la campagne contre les russes. Le 8 février 1807, se donna la bataille d'Eylau, où la victoire lut si vaillamment disputée par l'ennemi; il fallut acheter la paix par de nouveaux combats, qui se terminèrent par la mémorable bataille de Friedland, qui fut livrée et gagnée par Napoléon, le 14 juin 1807, anniversaire de la victoire de Marengo. Le 21, une armistice fut signée à Tilsitt. L'entrevue des deux empereurs eut lieu le 25, sur le Niémen, et la paix fut signée entre la France et la Russie. le 7 juillet; et entre la France et la Prusse, le 9 du même mois.

En 1808, eut lieu la conquête du Portugal, et dans les premiers jours de juin, commencèrent les affaires d'Espagne. Des troubles divisaient la famille royale; une faction venait de contraindre le roi Charles IV à céder la couronne à son fils Ferdinand VII. Napoléon s'annonce comme médiateur, une double abdication s'ensuivit; les deux princes déchus furent envoyés en France comme prisonniers, et Joseph, roi de Naples, fut appelé à régner sur l'Espagne.

Les espagnols s'insurgèrent. Napoléon arrive à Vittoria le 5 novembre, et dans les premiers jours de décembre, après une suite nombreuse de succès, il entre victorieux à Madrid.

Sur de nouveaux armemens faits par l'Autriche, l'empereur quitte l'Espagne, et arrive à Dilligen, le 16 mars 1809, et après une suite non interrompue de combats, l'armée française entre dans Vienne, le 13 mai. Le 2 juillet, les hostilités sérieuses recommencèrent sur le Danube, et le 6 se donna la bataille de Wagram, où les autrichiens firent une perte immense.

A cette époque, un jeune insensé tente d'assassiner Napoléon; saisi à temps, il fut fusillé.

Un traité de paix avec l'Autriche, fut signé le 14 octobre. Une des clauses du traité de Vienne, fut le mariage de Napoléon avec l'archiduchesse Marie-Louise, mariage qui eut lieu en 1810. L'empereur avait fait précédemment prononcer son divorce avec l'impératrice Joséphine. De cette union nâquit un fils, auquel fut conféré le titre pompeux de roi de Rome.

De ce moment la fortune commença à abandonner Napoléon. De nouveaux démêlés avec la Russie, amenèrent une rupture avec cette puissance. L'empereur avait fait des prépararifs immenses; et au mois d'avril, la grande armée, forte de 400,000 hommes d'infanterie, 60,000 chevaux et 1200 pièces d'artillerie, passa l'Oder et se porta sur la Vistule, qu'elle franchit bientôt. L'armée russe était beaucoup plus considérable.

Nous n'entrerons pas dans les détails de cette guerre, où l'armée française se couvrit de gloire. Marchant de succès en succès, elle s'avance dans le cœur de la Russie, et après les batailles de la Moskowa et de Mojaïsk (1); elle arriva sans obstacle jusqu'aux portes de Moskow. Napoléon fit son entrée dans cette ville, le 14 septembre; l'armée s'y établit le même jour; une incendie effroyable se manifeste aussitôt; il dura dix jours; 9000 maisons devinrent la proie des flammes, le Kremlin fut épargné.

La Russie, après avoir rejeté les propositions de paix faites par Napoléon, commença alors les hostilités. A cette nouvelle, l'empereur quitta Moskow, le 18 octobre, accompagné seulement de Caulaincourt.

Dès le 2 novembre, la famine et le froid firent sentir leur funeste aiguillon à l'armée française, qui n'offrit bientôt plus que d'immenses débris, une démoralisation et une insubordination complètes. Harcelés de toutes parts, elle fut dirigée sur la Bérésina, où elle effectua son passage sur la fin de novembre, en essuyant le désastre le plus épouvantable.

Quoiqu'il en soit, Napoléon se rendit en toute hâte à Paris, où il arriva le 18 décembre. Un sénatus-consulte ordonna la levée de 200,000 conscrits, et l'empereur se porta à de nouveaux combats; bientôt la bataille de Lutzen gagnée sur les puissances coalisées, le 2 mai 1813, prouva que des conscrits égalaient en valeur les plus vieilles moustaches.

« Ce n'est rien, à cette bataille, disait Napoléon aux

____

(1) L'ennemi abandonna cette place, comme il avait abandonné toutes les villes, tous les villages, depuis Smolensk, après l'avoir brûlée. 50 lieues de pays furent détruites dans sa retraite, notre armée la franchit mais le pays qu'elle laissa derrière, ne lui procurait aucun secours, cela causa la perte de notrearmée. Les vivres et les munitions lui manquaient à la fois; il était imprudent de s'enfoncer dans le pays, c'était une lâcheté de ne pas battre l'ennemi.

» conscrits, en soutenant de son cheval, en travers, le
» troisième rang de l'infanterie, tenez ferme, la patrie
» vous regarde, sachez mourir pour elle.... quand on ne
» craint pas la mort, on la fait rentrer dans les rangs
» ennemis. »

Peu de jours après cette victoire, Napoléon fit son entrée
à Dresde, d'où il partit le 18 mai, arriva à Bautzen le
19, où il se livra une seconde bataille; les alliés y perdirent
20,000 hommes. Ce fut à cette journée que Duroc fut tué
La perte de ce fidèle serviteur mit le comble à l'affliction
de l'empereur. « Duroc, lui dit-il, il est une autre vie,
» c'est là que vous irez m'attendre, et que nous nous
» reverrons. »

A la fin du mois d'août se donna la bataille de Dresde,
que Napoléon gagna sur les coalisés. Un des premiers
boulets français lancés dans la matinée, blessa mortelle-
ment le général Moreau, devenu premier aide-de-camp de
l'autocrate des Russies, et le canon de Dresde vengea la
France, des efforts sacriléges d'un enfant ingrat.

Les journées sanglantes de Leipsick, des 18 et 19 octobre, signalèrent les époques désastreuses de l'armée française, et tout sembla se réunir contre elle : défection de
ses alliés; un pont sur l'Elster rompu au moment où une
grande partie de nos troupes devait le passer, ce qui causa
une perte considérable d'hommes, et d'une grande quan-
tité de munitions et du matériel de l'armée. A cette déroute
vint se joindre une épidémie qui emportait chaque jour 500
individus. Napoléon se vit successivement enlever presque
toutes ses conquêtes.

La campagne de 1814 s'ouvrit alors : les alliés passèrent
le Rhin, et s'avancèrent à grandes journées pour pénétrer
en France. L'empereur, pour s'opposer à ce torrent, partit
de Paris le 25 janvier, se battit à Brienne; la victoire de-
meura indécise entre les deux camps, mais il fut plus heureux à Champ-Aubert, à Montmirail, à Vaux-Champs et
à Naugis, les 10, 11, 14 et 16 février, où les alliés perdirent
beaucoup de monde, tant en morts, blessés que prisonniers.

Le 17, l'armée française attaqua les alliés sur les hauteurs de Montereau. Napoléon, avec 30,000 hommes et
60 pièces de canon, s'avança pour enlever la position. Les
soldats murmuraient en voyant l'empereur s'exposer. « Ne
» craignez rien, mes amis, s'écria-t-il, le boulet qui me

» tuera, n'est pas encore fondu. » Le succès de cette journée et quelques avantages obtenus, furent les derniers de cette campagne.

Dans le cours du mois de mars, l'armée française n'éprouva que des échecs et des pertes. Napoléon, trahi par quelques-uns de ses généraux, fit de vains efforts pour arrêter les alliés dans leur marche sur Paris; le 29 mars, le quartier-général des souverains s'établit à Bondy.

Rien n'était disposé pour la défense de la capitale. Quoi qu'il en soit, avec de faibles moyens, on résista encore, et on obtint quelques avantages. La position meurtrière que les élèves de l'école polytechnique occupaient sur la butte Saint-Chaumont, coûta 7 à 8000 hommes à l'ennemi. Il fallut tuer ces intrépides jeunes gens sur leurs pièces, pour en éteindre le feu. Le 30 mars, à 8 heures du soir, la ville de Paris capitula.

Tout s'était réuni contre l'empereur des Français, pour le déterminer à abdiquer; il abdiqua en effet, et par le traité fait avec les alliés, il est relégué à l'île d'Elbe.

Il était alors à Fontainebleau avec sa vieille garde. Avant son départ pour cette île; il fit ses adieux aux braves qui la composaient, et les termina ainsi : « adieu, mes enfans, » je voudrais vous presser tous sur mon cœur, que j'em- » brasse au moins votre drapeau. « A ces mots, le général Petit saisit l'aigle des grenadiers, l'empereur reçoit le géné- ral dans ses bras, et couvre de baisers cet insigne victorieux.

Arrivé à l'île d'Elbe, suivi de quelques uns de ses géné- raux et d'un bataillon de sa garde, Napoléon changea, dans l'espace de quelques mois, la face de son petit empire, qu'il rendit florissant, de pauvre et misérable qu'il était.

Les Bourbons qui lui avaient succédé au trône, cédant aux vœux de l'autel et de la livrée, firent des mécontens. Napoléon instruit de tout ce qui se passait en France, et appelé par les vœux de l'armée, prépara secrètement son retour dans son ancien empire. Après avoir rassemblé sa petite troupe, il lui fit connaître, par une brusque haran- gue, la tentative chevaleresque à laquelle elle est associée; un cri unanime de *vive l'empereur*, accueille cette commu- nication. On s'embarque, on part.

Sa flotille était composée d'un brick portant 26 canons et 400 grenadiers, et de 3 autres bâtimens légers, montés par 200 hommes d'infanterie, 200 chevaux corses et en viron 100 chevaux légers polonais,

L'expédition ayant pris terre au golfe Juan le premier mars 1815, le bivouac de Napoléon fut établi dans un champ d'oliviers: « voilà, dit-il, un heureux présage ; » puisse-t-il se réaliser ! »

La marche de l'empereur à travers le royaume de France, ressemblait à une continuelle solennité. Jusqu'à quelques lieues de Grenoble, aucun corps armé ne s'était présenté à Napoléon, ce fut le jeune colonel La Bédoyère, qui amena le premier régiment avec intention de le combattre. Que vit-il ? les grenadiers de la vieille garde suivant, avec la plus parfaite sécurité, les sentiers qui bordaient la route, portant l'arme renversée. Napoléon marchait au milieu d'eux avec la même tranquillité.... A cet aspect, la troupe de La Bédoyère s'est arrêtée indécise... L'empereur s'avance au devant du régiment. « Eh bien, mes enfans ! » dit-il, quel est celui d'entre vous qui voudra tirer sur son empereur? » Un cri général de *vive l'empereur* est l'unique réponse qu'il reçoit, et les braves des deux corps se sont confondus.

Jusqu'à Lyon, il est suivi par toutes les populations et les militaires qui se trouvent sur sa route. Arrivé dans cette ville, la garnison se réunit à lui, pour ainsi dire, en présence de MONSIEUR, depuis Charles X, qui, délaissé, prit le parti de retourner à Paris. L'armée, sous les ordres du maréchal Ney, se joignit encore à Napoléon.

Celui-ci cependant s'approchait de la capitale, l'enthousiasme s'accrut au lieu de se refroidir. Rendu à Paris le 20 mars, il y fut reçu comme il l'avait été partout.

Le congrès de Vienne, alors par sa déclaration du 30 avril, annonça à l'Europe, que la France ne voulait plus de Napoléon, et que les souverains allaient s'armer de nouveau, pour lui rendre le gouvernement des Bourbons, qui, à l'entrée de l'empereur, avaient quitté la France. Napoléon fit alors ses préparatifs pour détourner la tempête qui allait fondre sur sa tête.

Une fête fut annoncée sous le nom de *Champ-de-Mai* ; elle eut lieu au Champ-de-Mars. Cette solennité avait pour triple objet : l'ouverture des chambres, la présentation à l'empereur du résultat des votes sur l'acte additionnel, et la remise des aigles aux gardes nationales et à l'armée. Des députations des départemens et de tous les corps de l'armée avaient été appelées à Paris.

Placé sur un trône, qui dominait les autres constructions faites au Champ-de-Mars, Napoléon fit entendre un discours animé, où l'on remarqua les passages suivans :

« Empereur, consul, soldat, je tiens tout du peuple ;
» dans la prospérité, dans l'adversité, sur le champ de
» bataille, au conseil, sur le trône, dans l'exil, la France
» a été l'objet unique de mes pensées et de mes actions...
» Français, ma volonté est celle du peuple, mes droits
» sont les siens ; mon honneur, ma gloire, mon bonheur
» ne peuvent être autres, que l'honneur, la gloire et le
» bonheur de la France. »

Napoléon partit le 12 juin de Paris, pour aller commander l'armée, et arriva à Avesne le 13.

La force que la France, à cette époque, réunissait sur différents points, offrait un effectif de 300,000 hommes, mais il n'y avait que 150,000 fantassins et 35,000 chevaux en état d'entrer en campagne.

La grande armée à la tête de laquelle marchait Napoléon présentait un total de 100,000 combattans ; la cavalerie ne s'élevait pas au-dessus de 16,000 hommes.

Les ennemis que l'on avait à combattre immédiatement, étaient les prussiens et les anglais, réunis en Belgique, sous les ordres de lord Wellington et du maréchal Blucher.

Le 15 juin, l'armée passa la Sambre, le prussien Ziethen, qui voulut un moment défendre le passage, fut repoussé sur Charleroi, où bientôt les Français entrèrent aux cris de vive l'empereur ! vive la France ! parvenus à se rallier sur les hauteurs de Fleurus, les prussiens furent chargés par notre cavalerie, et enfoncés.

Le 16, les colonnes françaises débouchèrent dans les plaines de Fleurus. Blucher avec 90,000 hommes occupait les hauteurs de Bry, de Sombref, et les villages de Ligny et de Saint-Amand. Les 100,000 hommes, sous les ordres de Wellington, étaient postées entre Ath, Nivelle, Jemmapes et St-Amand. A 3 heures, Napoléon fit attaquer simultanément Liguy, que l'ennemi défendit avec acharnement; sept fois ce village fut pris et repris. De la possession de ce poste dépendait le succès de la journée. Enfin l'ennemi fut enfoncé, et le champ de bataille nous resta.

La bataille de Ligny fut des plus sanglantes; elle pouvait être décisive; le maréchal Ney en compromit le résultat.

Elle servit du moins à séparer l'armée prussienne d'avec l'armée anglaise. L'ennemi perdit 30,000 hommes dans cette journée, et l'armée française eut à regretter un peu plus de 15,000 hommes, tués ou mis hors de combat.

Le 17, Napoléon disposa son armée en deux colonnes, l'une forte de 65,000 hommes, dont il se réserva le commandement, l'autre de 36,000 combattans, sous les ordres du maréchal de Grouchy. Le 18, tout se prépara pour une grande affaire qui devait décider du sort de Napoléon.

La bataille de Waterloo se donna, et fut perdue par la faute de Grouchy et du maréchal Ney.

« J'aurais gagné la bataille de Waterloo, sans Grouchy, a »dit Napoléon, non pas qu'il ait agi dans l'intention de » me trahir, mais il y avait chez lui défaut d'énergie. C'est » de la part de quelques membres de son état-major qu'il « y a eu trahison... Ses manœuvres inouïes, au lieu de me »garantir une victoire certaine, ont, avec celles de Ney, » consommé ma perte. »

Au milieu des hauts-faits de cette journée déplorable, nous ne devons pas passer sous silence, l'action de Cambronne ; ce général, à la tête d'une colonne de grenadiers de la garde, ne cessa de résister aux ennemis. Devant lui et ses braves s'élève une redoute. « Rendez-vous braves Français ! » leur crient les soldats anglais, qui les admirent en les combattant. « Non, répond Cambronne, la Garde meurt et ne se rend pas ! » Aucun de ces braves ne se rendit ; pas un seul ne resta debout.

Napoléon se rendit le 19 à Philippeville, d'où il expédia des ordres à ses divers généraux, pour se rallier le plutôt possible sur Avesnes, Philippeville et Laon. Ces dispositions faites, il se rendit à Paris ; il voulait rester à l'armée, mais ses généraux le détournèrent de ce projet. « Eh bien ! puisque vous le voulez, dit-il, j'irai à Paris ; mais je suis persuadé que vous me faites faire une sottise, ma vraie place est ici. » Et il avait raison.

Arrivé dans la capitale, Napoléon trouva les chambres opposées à ses vues ; des commissaires furent nommés pour régir à sa place, ce qui l'obligea d'abdiquer en faveur de son fils.

Le 21, il se retira à Malmaison. Il se préparait à passer aux Etats-Unis ; mais Fouché, duc d'Otrante, membre de la commission, avait déjà pris ses précautions pour le rendre prisonnier des anglais. Le 29 juin, il monta en voiture à cinq heures du soir : sa suite se composait de MM. Bertrand, Montholon, Gourgaud, Las Cases, etc. Mesdames Bertrand et Montholon voulurent accompagner leurs époux. Rendu à Rochefort, bientôt apparurent les croisières anglaises sur les côtes de La Rochelle. Les frégates *la Saale* et *la Méduse*, qui devaient les transporter en Amérique, ne purent appareiller ; il descendit à l'île d'Aix.

Le 11 juillet, Napoléon envoya demander à l'amiral anglais s'il était autorisé à lui laisser libre le passage : la réponse de cet amiral fut vague et ambiguë. Quoi qu'il en soit, croyant devoir se confier à la générosité anglaise, le 15 au matin il se rendit à bord du *Bellérophon*, où il fut reçu avec les plus grands honneurs. C'est de ce vaisseau qu'il écrivit au prince régent d'Angleterre, depuis Georges IV, la lettre suivante :

« ALTESSE ROYALE,

«En butte aux factions qui divisent mon pays, et à l'ini-
«mitié des puissances de l'Europe, j'ai terminé ma carrière
«politique, et je viens, comme Thémistocle, m'asseoir aux
«foyers du peuple britannique. Je me mets sous la protec-
«tion de ses lois, que je réclame de Votre Altesse Royale,
«comme du plus puissant, du plus constant et du plus gé-
«néreux de mes ennemis.

« *Signé*, NAPOLÉON. »

Le ministère anglais, le plus machiavélique qui soit au monde, à son arrivée à Plymouth, lui fit annoncer qu'il ne lui était pas permis de mettre le pied sur le sol anglais, et bientôt il lui fit savoir que les alliés le considéraient comme prisonnier de guerre, et qu'il serait renfermé à Sainte-Hélène. Napoléon protesta contre cette détermination ; mais que pouvait alors sa protestation contre la force et la perfidie.

On fit alors des dispositions pour son exil, et le *Northumberland* fut destiné pour le transporter à l'île Ste-Hélène. Napoléon monta à bord de ce vaisseau le 7 août 1815. Lorsqu'il fut arrivé à la hauteur du cap de la Hogue, apercevant les côtes de France : « Adieu, dit-il d'un accent profondément ému, adieu terre des braves! Adieu chère France ! Quelques traîtres de moins, tu serais encore la grande nation, la maîtresse de l'univers. »

Le 18 octobre, l'ex-empereur débarqua dans sa terre

d'exil , à Sainte-Hélène. Sa position si différente de ce qu'elle avait été , lui fit articuler ces paroles: « Les malheurs ont aussi leur héroïsme et leur gloire. L'adversité manquait à ma carrière. Si je fusse mort sur le trône, dans le nuage de ma toute-puissance , je serais demeuré un problème pour bien des gens ; aujourd'hui, grâce à mon malheur, on pourra me juger à nu.

Napoléon passa les deux premiers mois de sa captivité dans le pavillon d'un honnête insulaire nommé Balcombe. Ce lieu, où l'ex-empereur fit établir son lit de camp , fut tout à la fois la chambre à coucher , le salon , la salle à manger et le cabinet de travail. Las Cases et son fils occupèrent le grenier , le valet de chambre de service, enveloppé dans son manteau, couchait sur le carreau dans la chambre de Napoléon.

Après deux mois , le prisonnier alla prendre possession de l'habitation de Longwood , un peu moins resserrée que celle qu'il venait de quitter, mais beaucoup plus incommode d'un autre côté par la surveillance odieuse du gouverneur.

On sait que l'île Ste-Hélène est très malsaine ; le terme de 45 ans est le dernier période de la vie de l'insulaire. Que l'on juge par là de l'influence meurtrière de ce climat sur les Européens. Deux maladies, que leur intensité assimile aux maladies contagieuses, la dissenterie et l'hépatie règnent continuellement à Ste-Hélène. D'après cela, on ne doit pas être surpris que Napoléon s'écriât: « Tout est gradation dans ce monde ! l'île d'Elbe , trouvée si mauvaise il y a un an. , est un lieu ne délices comparée à Ste-Hélène. Quant à Ste-Hélène, elle peut défier tous les regrets à venir. »

L'insalubrité de cette île fut un calcul politique du cabinet anglais. qui chercha dans l'atmosphère un auxiliaire contre la crainte que lui inspirait son prisonnier.

Indépendamment de l'inffluence maligne du climat, sir Hudson-Lowe, gouverneur de l'île, chercha, dans les privations de tous genres , à rendre la vie du prisonnier aussi acerbe qu'il fut possible.

Ce gouverneur redoublait chaque jour de surveillance sur Napoléon ; il chicanait continuellement MM. Bertrand et Montholon sur des objets qui ne provoquaient aucune observation ; chaque jour nouvelles scènes aussi désagréables que vexatoires.

Les plaisirs de la conversation étaient, pour ainsi dire,

le principal délassement de Napoléon : il aimait à s'entre-
tenir avec son chirurgien O'Meara, qui venait le voir
presque tous les jours.

Malgré les réclamations de Napoléou, le gouverneur de
Sainte-Hélène, d'après les instructions de son gouvernement
le traita toujours de *général* Bonaparte, et toute sa corres-
poudance lui assigne un titre que ce dernier rejetait, comme étant inconvenant à celui qui, sous le titre d'empereur,
avait reçu dans son antichambre des princes et des rois.

La manière dont Napoléon vivait à Sainte-Hélàne variait
très peu. L'heure de son lever n'était pas régulière.

Le séjour de Sainte-Hélène était loin d'être propice à
Napoléon ; il y fut presque toujours malade, et l'on ne
peut douter que l'insalubrité du climat n'ait beaucoup avancé
ses jours.

Sur la fin de 1819, sa maladie commença à empirer. Le
docteur Antommarchi qui avait succédé au chirurgien
O'Meara pour lui donner ses soins, se rendit auprès de lui :
voici le premier entretien qu'ils eurent ensemble.

« *Napoléon.* Eh bien ! docteur, dois-je troubler encore long-
temps la digestion des rois ?

Antommarchi. Vous leur survivrez, sire.

Napoléon. Je le crois. Ils ne mettront pas au ban de l'Europe le bruit de nos victoires ; il traversera les siècles, il
proclamera les vainqueurs et les vaincus, ceux qui furent
généreux, et ceux qui ne le furent pas.

Antommarchi. Vous ne touchez pas au terme ; il vous
reste un long espace à parcourir.

Napoléon. Non, docteur, l'œuvre anglaise se consomme :
je ne puis aller loin sous cet affreux climat.... Le passage
d'une vie active à un réclusion complète, a tout détruit,
j'ai pris de l'embonpoint, j'ai perdu mon énergie, le ressort
est détendu.

Un matin étant au jardin avec le même docteur, il pro-
mena ses yeux à droite et à gauche, et lui dit avec une im-
pression pénible :

« Ah ! docteur, où est la France ? Où est son riant cli-
« mat ? si je pouvais la contempler encore !... si je pou-
« vai respirer au moins un peu d'air qui eût touché cet
« heureux pays ! quel spécifique que le sol qui nous a vus
« naître ! Antée réparait ses forces en touchant la terre.
« Ce prodige se renouvellerait pour moi ; je le sens, je se-

« rais revivifié si j'apercevais uos côtes! j'oubliais que la
« lâcheté a fait une surprise à la victoire ; on n'appelle pas
« de ses décisions..... »

Chaque jour la maladie de Napoléon prenait un caractère
plus alarmant, le 26 décembre 1820, la nouvelle de la mort
de sa sœur Elisa le plongea dans une espèe de stupeur ; le
24 janvier 1821 , il se trouva encore plus mal ; il avait le
pressentiment de sa fin prochaine ; un affaiblissement qui
devint de plus en plus accab ant depuis le 17 mars , le
contraignit de s'aliter souvent. Il prenait fort peu d'alimens.
Le 7 avril il disait au docteur Antommarchi: « Eh bien ! ce
« n'est pas encore cette fois. » Le 11 , l'empereur souffrait
beaucoup ; les extrémités inférieures étaient atte.ntes d'un
froid glacial , que le docteur Antommarchi chercha à dissiper par des fomentations ; le 18 , le docteur insista sur la
nécessité de quelques médicamens. « Non, docteur , ré-
« pondit le malade ; l'Angleterre réclame mon cadavre ; il
« ne faut pas la faire attendre. »

Le 21 , il fit appeler l'abbé Vignali , son aumônier , et
lui commanda une chapelle ardente.

Le 28 , l'empereur chargea le docteur Antommarchi de
faire , après sa mort, l'autopsie de son cadavre et de com-
muniquer à son fils les observations qu'il aurait faites.

L'état de Napoléon alla toujours empirant. Le 2 mai ,
à deux heures après midi , la fièvre redoubla ; le délire s'y
joignit. Il parlait de la France , de son fils , de ses compa-
gnons de gloire. « Steingel , Desaix , Masséna ! ah ! la vic-
« toire se décide ; allez , courez , pressez la charge ; ils sont
« à nous. A neuf heures , la fievre diminua ; l'empereur
avait recouvré la raison.

Le 3 au matin , il sembla aller mieux ; mais vers le midi,
le mal reprit son intensité ; alors il adressa solennellement
un petit discours à ses exécuteurs testamentaires , **MM.**
Bertrand et Montholon.

Le 4 mai , Napoléon continua d'être très-malade. Une
lueur d'espoir cependant fut permise ce jour , mais il fallut
y renoncer le 5. Toutefois , jamais on ne vit d'agonie plus
calme : aucun signe de douleur ne parut sur le visage du
mourant , aucune plainte ne lui échappa. A cinq heures et
demie du soir , il prononça assez distinctement ces mots :
tête !....armée !.... Ce furent les derniers qu'il proféra. Un
peu après , Napoléon croise avec effort ses bras sur sa

poitrine. Il est six heures moins six minutes : il touche à sa fin ; ses lèvres se couvrent d'une légère écume ; il n'est plus....

Napoléon fut exposé, les 6 et 7 mai, sur le lit de camp qui lui avait servi dans toutes ses campagnes, aux regards de la garnison et des habitans de l'île.

Hudson-Lowe consentit à ce qu'on l'inhumât près de la fontaine qu'il avait désignée pour être le lieu de sa sépulture, en cas qu'on ne voulut pas permettre que sa dépouille mortelle fut transportée, soit en France, soit à Ajaccio en Corse.

Le 8, vers midi, il fut placé sur le char funèbre ; le manteau de Marengo servait de drap mortuaire. Les musiciens de la garnison, disposés par groupes sur les hauteurs le long de la route que devait parcourir le cortége, faisaient retentir l'air d'une lugubre harmonie. Vingt-quatre grenadiers furent chosis dans les différens corps pour porter le cerceuil (1 .) dans les défilés où le char ne pouvait pas passer ; enfin, il fut descendu, au bruit d'une salve de 11 coups de canon, dans une fosse revêtue de maçonnerie ; une énorme pierre en scella l'ouverture.

Le 21 avril, Napoléon avait fait un testament, dans lequel il institua les comtes de Montholon, Bertrand et Marchand, son valet de chambre, ses exécuteurs testamentaires. Ce testament est connu et a été imprimé dans tous les formâts, ce qui nous dispense d'en rapporter les clauses et conditions.

Idée de la restauration, déchéance et condamnation des ministres de Charles X.

Après avoir reconcilié les esprits au dedans et maintenu la paix au dehors, Louis XVIII rendit le dernier soupir le 16 septembre 1824. Son frère lui succéda, sous le titre de Charles X. Les jésuites qui n'avaient pu, sous le feu roi,

---

(1) Le corps de Napoléon fut déposé dans un quadruple cercueil : le premier de fer blanc, garni d'une sorte de matelas, d'un oreiller, revêtu de satin blanc, le second d'acajou ; le troisième de plomb ; le quatrième d'acajou encore, fermé par des vis en fer. Dans le premier de ces quatre cercueils, on avait mis le cœur et l'estomac du défunt. Chacun de ses organes avait été préalablement déposé et

remporter la victoire qu'ils s'étaient promise, se pressèrent
de nouveau près du trône. Affidés à des hommes odieux
qui composaient le ministère, ils obtinrent du roi toutes
les faveurs qu'ils demandaient, et s'emparèrent, pour ainsi
dire, des rênes du gouvernement. Le fanatisme fut de
rigueur; à la cour même, le roi en donnait l'exemple. La
France, comme Charles X l'avait trouvée, offrait partout un
riant avenir; mais sa perspective fut bientôt changée par
des missions et des jubilés réitérés, qui portèrent le germe
de la dissention dans les cultes; les libertés des cérémo-
nies religieuses n'étaient plus que pour le fanatisme, qui
encombrait les rues par des processions, où l'autorité civile et militaire, quoique d'un culte différent, était obligé d'y
assister; les honneurs mondains étaient rendus à l'autel.

C'est sous ce gouvernement qu'eut lieu l'expédition
d'Afrique où une jeunesse brûlante d'ardeur, pour imiter
les vieilles moustaches des Pyramides, cueillit les plus beaux
lauriers de nos annales guerrières. Dans peu de jours Alger,
ce superbe Alger, qui, de tout temps avait résisté aux
nations, trembla à l'approche des Français. La conquête
en fut faite, et des trésors immenses furent rapportés chez
nous. Cette brillante affaire encouragea la noblesse et le
clergé qui, depuis long-temps, tentaient le rétablissement
de l'ancien régime. Pour y arriver, ils conseillèrent au roi
d'usurper le pouvoir absolu, lui présentant à signer des ordonnances préparées, qui violaient la Charte et les lois du
royaume. Ces fatales ordonnances étaient contresignées par
les ministres qui en restaient responsables; le peuple, indi-
gné de ces actes arbitraires où ses droits passaient en d'autres
mains, se souleva. Le roi fut chassé, et un nouveau gouvernement s'établit. Le duc d'Orléans fut proclamé par le
peuple, sous le titre de Louis-Philippe Iᵉʳ, roi des
Français. Les perfides ministres, signataires des ordonnances furent arrêtés et condamnés à la prison perpétuelle,
sur le territoire continental du royaume de France,
aux frais envers l'État, et déchus de leurs titres, ordres et
grades.

-----

scellé dans une coupe d'argent. On mit encore à côté de
Napoléon des aigles, des pièces de toutes valeurs frappées
à son effigie, son couvert, son couteau, une assiette avec
ses armes.